El sencillo tornillo

Julie Murray

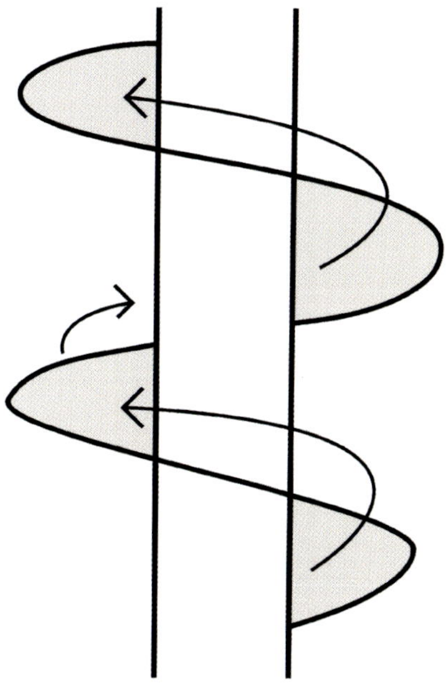

Abdo Kids Junior es una
subdivisión de Abdo Kids
abdobooks.com

Abdo
MÁQUINAS SIMPLES
Kids

abdobooks.com

Published by Abdo Kids, a division of ABDO, P.O. Box 398166, Minneapolis, Minnesota 55439.

Abdo Kids Junior™ is a trademark and logo of Abdo Kids.

Printed in China

052025

092025

THIS BOOK CONTAINS RECYCLED MATERIALS

Spanish Translator: Maria Puchol

Photo Credits: Getty Images, Shutterstock

Production Contributors: Teddy Borth, Jennie Forsberg, Grace Hansen

Design Contributors: Candice Keimig, Pakou Moua

Library of Congress Control Number: 2024949258

Publisher's Cataloging-in-Publication Data

Names: Murray, Julie, author.

Title: El sencillo tornillo/ by Julie Murray

Other title: The spiffy screw. Spanish

Description: Minneapolis, Minnesota: Abdo Kids, 2026. | Series: Máquinas simples | Includes online resources and index

Identifiers: ISBN 9798384906506 (lib.bdg.) | ISBN 9798384907060 (ebook)

Subjects: LCSH: Simple machines--Juvenile literature. | Screws--Juvenile literature. | Torque--Juvenile literature. | Machinery--Juvenile literature. | Hand tools--Juvenile literature. | Spanish language materials--Juvenile literature.

Classification: DDC 621.8--dc23

Contenido

El sencillo tornillo

El tornillo es una máquina simple.

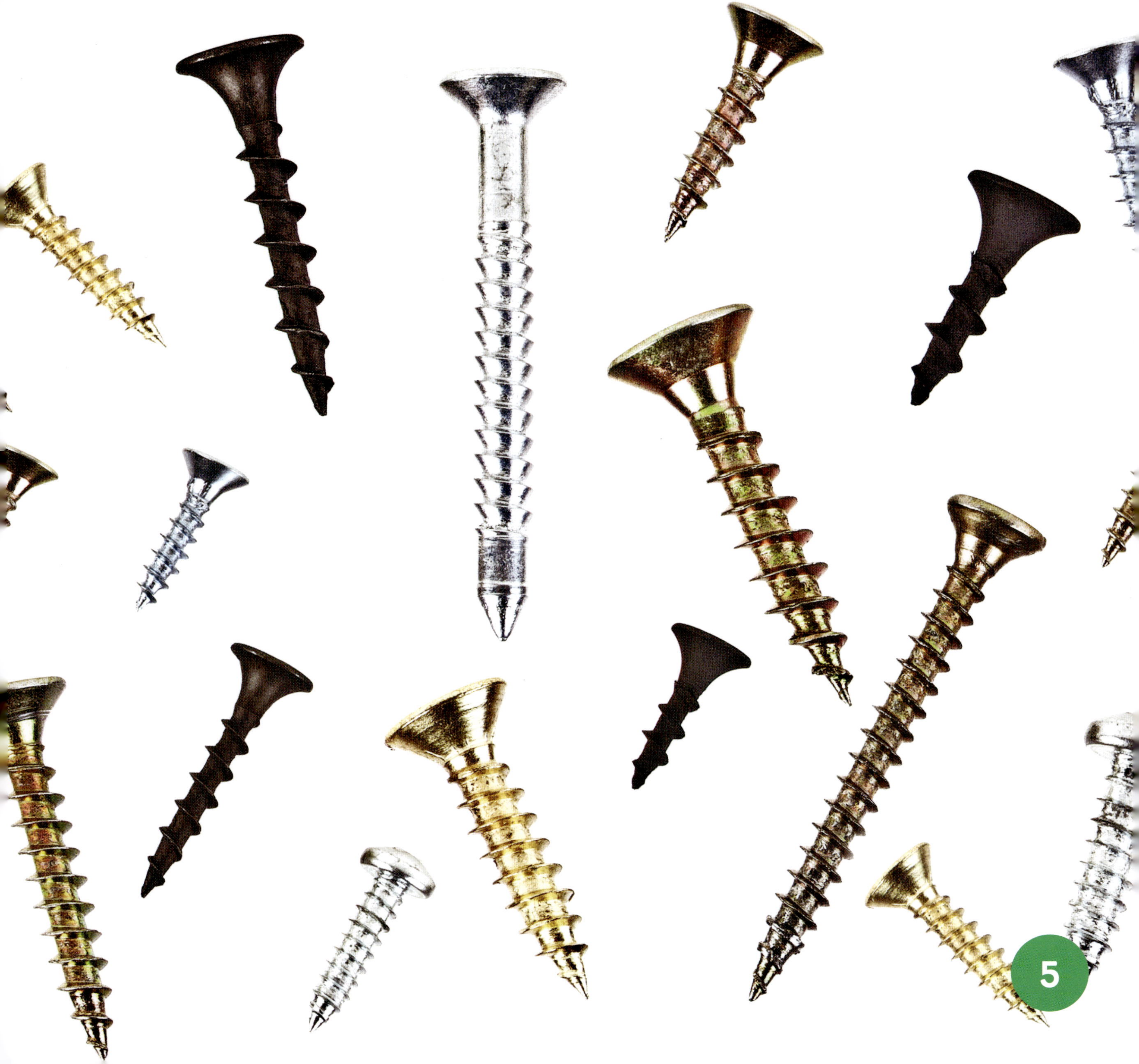

Un tornillo puede mover un objeto a un lugar más alto o más bajo.

También puede mantener

sujetas dos piezas.

Los tornillos tienen

forma de **cilindro**.

El **cilindro** está envuelto por una rosca que se encuentra **en ángulo**.

rosca

Para usar el tornillo hay que ejercer una **fuerza**.

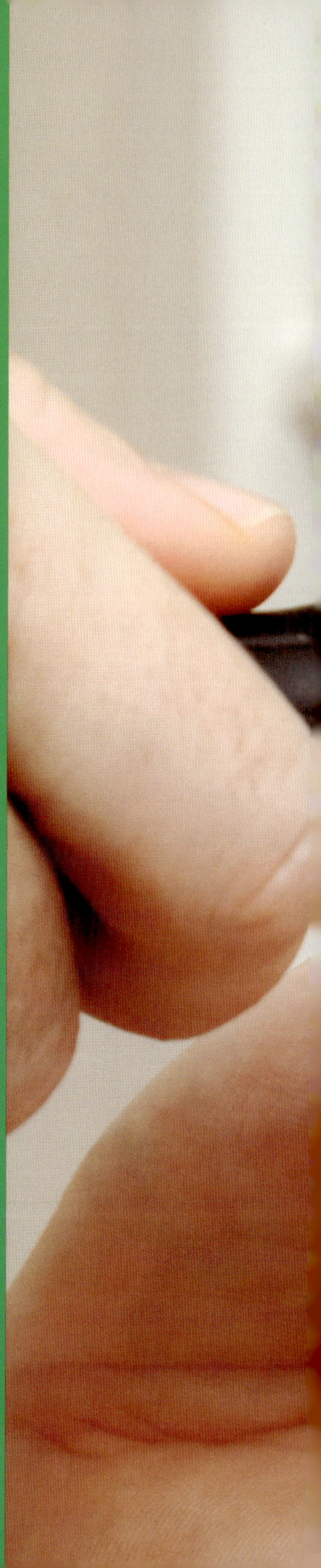

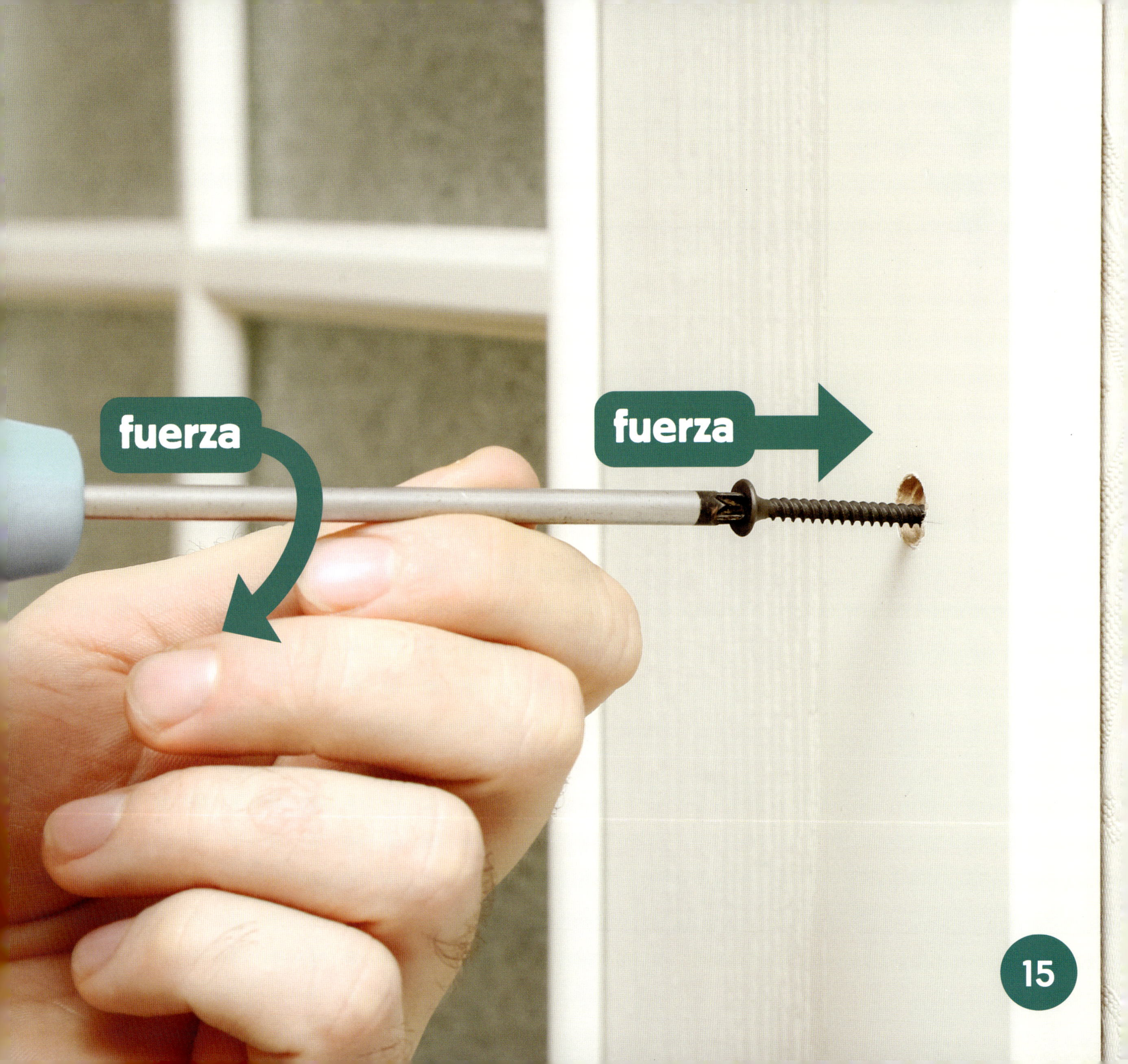
fuerza
fuerza

El tornillo se mueve arriba y abajo al aplicar **fuerza**.

fuerza

La tapa de un frasco es un buen ejemplo de tornillo.

rosca
rosca

Los tornillos facilitan mucho el trabajo.

Tornillos por todas partes

barrena

casquillo de bombilla

escalera de caracol

rosca de manguera

Glosario

en ángulo
inclinado, posición que no es ni vertical ni horizontal.

cilindro
cuerpo geométrico sólido con forma de basurero.

fuerza
potencia, energía, resistencia física.

Índice